ORAISON FVNEBRE
DE MESSIRE
MATHIEV MOLE',
CHEVALIER,
GARDE DES SCEAVX
DE FRANCE.

Institutionis Parisiensis oratorii D. Jesu

PRONONCEE DANS L'EGLISE DE S. ANTOINE des Champs, le 10. de Feurier de l'année 1656. en presence de plusieurs Archeuesques & Euesques.

Par Meßire ANTOINE GODEAV, *Euesque de Vence.*

A PARIS,
Chez Antoine Vitré, Imprimeur ordinaire du Roy,
& du Clergé de France.

M. DC. LVI.
AVEC PERMISSION.

ORAISON FVNEBRE
DE MESSIRE
MATHIEV MOLE',
CHEVALIER
GARDE DES SCEAVX
DE FRANCE.

Dilectus Deo & hominibus Moyses cujus memoria in benedictione est. Magnificauit eum in timore inimicorum, & in verbis suis monstra placauit. *Ecclesiastici cap.* 45.

Moyse aymé de Dieu, & des hommes, dont la memoire est en benediction. Le Seigneur l'a glorifié, le rendant redoutable à ses ennemis, & il a appaisé des monstres par ses paroles. Ecclesiast. chap. 45.

Messeignevrs,

Les dernieres volontez des hommes ne sont pas moins inuiolables que leurs tombeaux. C'est vne égale impieté de s'opposer aux vnes, que d'ouurir les autres, pour en tirer les cendres, & pour les jetter au vent. L'ame estant preste à se separer du corps, sort desia en quelque façon de la condition des creatures. Elle est éclairée

A

d'vne lumiere plus pure que celle qui a seruy à la conduire durant son pelerinage sur la terre ; & les paroles qu'elle prononce en cét estat, ont comme l'autorité des Oracles. C'est sur ces maximes que la force des derniers testamens est establie ; c'est ce qui les rend si venerables aux Iuges ; c'est ce qui les fait deuenir comme vne chose sacrée. Comment donc puis-je monter en cette Chaire, pour prononcer l'Oraison funebre de celuy qui l'a deffenduë auec des termes si humbles & si seueres, sans commettre vne espece de sacrilege ? Ne vaudroit-il pas mieux garder vn religieux silence, que de le rompre, pour parler des vertus qu'il a voulu cacher aux yeux des hommes. L'honneur que nous luy rendons en cette occasion, n'est-il pas joint auec quelque sorte d'injure ? Mais encore que toutes les Loix humaines nous obligent de suiure les dernieres volontez de ceux qui meurent ; il y a vne Loy superieure qui nous en peut dispenser, & qui mesme nous engage souuent à faire le contraire de ce qu'ils nous ordonnent. Cette Loy est celle de la gloire de Dieu, de la charité, & de la justice. Tous les justes sont les ouurages de la Grace diuine ; mais il est certain qu'vn souuerain Magistrat qui, comme Monsieur MOLE, est juste dans vn siecle d'injustice, courageux dans vn siecle de lascheté, & innocent dans vn siecle de corruption, est vn Chef-d'œuure de cette Grace. Ne deuons-nous donc pas, pour l'amour de l'Auteur d'vn ſi grand miracle, le faire éclater aux yeux des hommes, & le tirer de l'obſcurité où ſa modeſtie l'a voulu comme enſeuelir. Ne ſuiurons-nous pas en cela l'eſprit & l'exemple de l'Eſcriture ſainte, quand nous loüerons vn homme ſi glorieux? D'elle, dis-je, qui dans l'Eccleſiaſtique nous conuie à loüer les hommes celebres, & qui meſme fait le panegyrique des plus grands perſonnages qui ont eſté parmy les Hebreux. La Charité pourroit-elle ſouffrir que nous cachaſſions vn ſi grand modele de ſuffiſance, de courage, & d'integrité à ceux qui poſſedent les charges qu'il a exercées, ou qui peuuent y paruenir? Ne commettrions-nous pas vne injuſtice étrange de laiſſer des vertus ſi rares, ſans la recompenſe des loüanges qui leur ſont deuës? Cét encens ne peut plus cauſer de tournoyement de teſte à Monſieur le Garde des Sceaux, ſa fumée ne peut plus l'aueugler, il n'y a plus ſujet de craindre qu'il s'en enyure. Mais ce parfum eſt deu au public ; & la France eſt obligée, pour s'exempter d'vn reproche eternel d'ingratitude, de loüer des vertus qui l'ont ſi vtilement ſeruie. Vous attendez de moy aujourd'huy, MESSIEVRS, que ie contribuë quelque choſe à leur gloire, par le diſcours que j'ay à vous faire ; mais comment puis-je répondre à vos eſperances, & m'acquitter de ce que j'ay entrepris? Quand j'aurois toutes les choſes qui me manquent, ma douleur en cette occaſion ne me permettroit pas de m'en ſeruir.

Chap. 44.

Car non seulement ie pleure auec tous les bons François, vn homme qui a esté le deffenseur, & l'ornement de sa patrie, mais ie pleure celuy à qui vne estroite amitié me lioit depuis tant d'années. De cette sorte la tristesse trouble mon esprit, confond mes pensées, & m'oste la liberté de parler. Il est vray que j'ay l'auantage de trouuer mon auditoire heureusement & justement preoccupé en faueur de mon Sujet. Ie parle deuant les témoins irreprochables de sa vertu, deuant ceux qui luy ont veu faire ces miracles de prudence, de courage, & de fermeté, que ie dois estaller dans mon discours : & il n'est pas besoin que j'employe les lumieres du stile pour les rendre plus éclatantes, ny la force des figures pour les persuader à mes Auditeurs. Il suffit que j'en fasse le recit, & si ie puis estre vn historien fidele, ie paroistray sans doute vn tres-grand Orateur.

I'ay à dire de si grandes choses, & si propres à Monsieur MOLE', Garde des Sceaux de France, que ie n'ay pas besoin d'entrer dans les Tombeaux de ses Ancestres, pour en tirer ceux qui chasserent si glorieusement les Anglois de la ville de Troyes, qu'ils auoient vsurpée sur Charles VII. Il faut que ie passe sous silence la probité, l'integrité, & le zele pour le bien public d'Edoüard MOLE' son pere, Conseiller au Parlement de Paris, & President au Mortier, par le choix du plus habile Prince du monde, de Henry IV. qui se connoissoit si parfaitement au merite des hommes. Cette Charge est heureusement rentrée dans sa Famille, & son petit Fils qui la possede aujourd'huy a de si grands exemples de vertu, qu'il est obligé à la condition heureusement fascheuse, de n'estre pas vn homme mediocre. Ie ne puis pas mesme m'arrester à vous representer celuy dont ie parle, comme vn graue Senateur à l'âge de vingt-deux ans, qui estonnoit les vieillards par sa prudence, & donnoit de la jalousie aux jeunes par sa suffisance, sa modestie, & sa probité. Les vertus qu'il a monstrées en cette premiere Charge, & en celle de President des Requestes du Palais, pourroient suffire pour le Panegyrique d'vn autre : mais celles qu'il a fait paroistre dans trois autres plus importantes, les ont effacées, & c'est celles que ie pretends de vous faire considerer dans ce discours.

Vn Procureur general est l'homme de la Monarchie plustost que l'homme du Prince. C'est le gardien des droits de la Couronne; c'est le deffenseur des Loix, c'est l'esprit du Parlement, c'est l'ame de la Police, c'est le censeur des mœurs publiques, c'est l'azyle des miserables, c'est le fleau des meschans, c'est le protecteur de l'innocence opprimée. Mais on peut dire aussi que cette Magistrature, si noble & si éleuée, découure mieux le Magistrat qu'aucune autre; & c'est elle, MESSIEVRS, qui a monstré Monsieur MOLE' tout entier. Elle a tiré le voile de la modestie qui couuroit les lumieres de ses connoissan-

Monsieur MOLE' a esté Procureur general.

A iij

ces. Elle a fait paroiſtre ſon ardeur pour le ſeruice du Roy, & pour la deffenſe de ſa juſte Autorité. Elle a découuert le feu ſecret de ſon cœur pour la gloire de ſa patrie. Elle a reuelé ſes tendreſſes pour le peuple. Elle a témoigné ſon courage pour la conſeruation des Loix. Elle a employé ſon zele pour faire punir ceux qui croyoient par leur condition eſtre à couuert de toutes les peines. Elle luy a fait appuyer la reforme dans des Ordres Religieux, où les richeſſes que la deuotion y auoit miſes, comme des filles dénaturées, auoient eſtouffé leur mere. Elle luy a donné moyen de garantir les foibles de l'oppreſſion des puiſſans; ou par la deffenſe de leurs cauſes abandonnées, ou par des aumoſnes liberales, afin de les faire ſubſiſter durant la pourſuite de leurs procés. Il n'eſtoit pas riche, Messieurs, des biens de la fortune, mais ſa Charité paſſoit les bornes de ſes richeſſes. Il ne conſideroit pas qu'il s'incommodoit en donnant, mais il regardoit le beſoin de ceux à qui il donnoit. La veuë d'vn miſerable ne touchoit pas ſeulement ſon cœur par vne compaſſion inutile, elle luy faiſoit ouurir la main pour le ſoulager dans ſa miſere. Les Veufues recouuroient en luy le mary qu'elles croyoient auoir perdu; les orphelins, leur pere; les vierges que la pauureté expoſoit au danger de la corruption, le protecteur de leur pureté; les Echoliers abandonnez, le protecteur de leurs eſtudes; les pauures des Prouinces voisines de Paris, que la guerre a si malheureusement desolées, le pere nourricier de leurs familles. Enfin on pouuoit dire de luy, sans flatterie, ce qu'on a dit de Gillias d'Agrigente; qu'il auoit le cœur de la liberalité mesme; que ce qu'il possedoit estoit plustost le patrimoine des autres que son propre bien; que ce n'estoit pas vn homme mortel, mais le sein de la Fortune fauorable à tous les malheureux. L'Escriture sainte rend à Moyse ce tesmoignage, qu'il estoit le plus doux des enfans des hommes. En effet ce peuple innombrable qu'il gouuernoit dans les deserts, eut beau estre ingrat & furieux contre luy; jamais sa douceur ne fut alterée, ny par leurs reuoltes, ny par leurs conspirations contre sa personne. Monsieur MOLE', entre ses qualitez excellentes, auoit celles de la douceur & de l'affabilité en vn si haut point, que peut-estre jamais Magistrat ne l'a possedée en mesme degré. Sa maison estoit ouuerte à toute heure, & à tout le monde, comme les Temples; & on l'y trouuoit toûjours disposé à escouter ceux qui auoient besoin de luy, auec ce visage riant qui rendoit ses refus plus agreables que les faueurs des autres. Durant le temps que les Vacations luy permettoient de passer à la campagne, il s'occupoit à terminer les procés des païsans de tous les villages voisins; & bien souuent il mettoit la main à la bourse pour contenter ceux qui ne vouloient pas deferer à son jugement. C'est ainsi qu'il se diuertissoit,

Quem propemodum ipsius liberalitatis præcordia constat habuisse. Ergo quod Gillias possidebat omnium commune patrimonium erat. Quid multa? non mortalem aliquem, sed propria fortuna benignum esse diceres sinum. Val. Max.

c'est ainsi qu'il prenoit son repos, c'est ainsi qu'il se rendoit aymable à Dieu & aux hommes, *dilectus Deo & hominibus.*

Vne integrité si grande, vne innocence si éprouuée, vne capacité si vaste, vne fermeté si constante, vn zele si ardent pour le bien public; enfin toutes les vertus que l'on peut souhaitter en vn souuerain Magistrat, firent prendre resolution à Louys le Iuste, de le mettre sur le premier Throsne de la Iustice de France, ie veux dire de luy donner la charge de premier President au Parlement de Paris. C'estoit le faire Chef du plus illustre Corps qui soit au monde. C'estoit le rendre arbitre de la fortune & de la vie de tous les Grands du Royaume. C'estoit luy confier son Authorité souueraine, & l'establir moderateur de ses volontez absoluës. Mais en verité, Messievrs, c'estoit faire vn grand honneur à ce Corps que de luy donner vne Teste si precieuse. C'estoit mettre vn Dieu au milieu des Dieux. C'estoit asseurer la fortune & la vie des grands, de la confier en des mains si pures & si vigoureuses. C'estoit appuyer son Authorité que de la remettre à vn Sujet si affectionné & si fidele, pour empescher qu'elle ne passast ses legitimes bornes. C'estoit donner aux Loix vn protecteur; à l'innocence, vn azile; aux crimes, vn fleau; au monstre de la chicane, vn Hercule; au peuple, vn pere; au Royaume, vn deffenseur. Iamais la Iustice ne fut plus aueugle, ny plus clair-voyante qu'en

Il est fait premier President au Parlement de Paris.

qu'en sa personne. Iamais elle ne mit sur les yeux d'aucun Iuge, vn bandeau plus impenetrable aux rayons de la faueur, & à l'esclat de l'or & de l'argent qui esbloüit tant de monde. Iamais les pauures n'eurent vn accés plus libre; jamais leurs causes ne furent plus soigneusement examinées. Iamais l'ordre dans le rapport des procés ne fut plus exact, ny plus seuere. Enfin jamais premier President ne fut plus diligent, plus laborieux, plus capable de sa Charge, & ne se rendit plus agreable à Dieu, & aux hommes. *Dilectus Deo & hominibus.*

Ie me trouue bien empesché, MESSIEVRS, en cét endroit de la vie de l'illustre Mort que j'ay entrepris de loüer. Car d'vn costé l'honneur de ma patrie m'oblige de me taire, & de l'autre la gloire de mon Sujet m'engage à parler. Ie ne puis, sans estre preuaricateur de la bonne cause, dissimuler les excés & les emportemens de la populace de Paris, qui faisoient gemir les meilleurs Citoyens: & si ie les estale dans ce discours, ie reuele la honte de mes Compatriotes, & ie remets le fer dans des blesseures que le temps commence à fermer.

O Ange, qui gouuernes cette Monarchie depuis tant d'années, & qui l'as si visiblement deffenduë en ces dernieres tempestes, éclaire mon esprit de tes plus pures lumieres, purifie mes levres, conduis ma langue, modere l'ardeur de mon zele pour l'authorité Royale, & inspire-moy des paroles qui soient si justes, que la verité ne se puisse plaindre

B

que ie l'aye trop affoiblie, ny le peuple, que j'aye trop exageré son aueuglement.

Les Minoritez des Princes en France, ont toûjours esté des saisons de trouble & de tempeste; mais il n'y en eut jamais vne plus dangereuse & plus funeste pour l'Estat, qu'a pensé estre celle d'où nous venons de sortir. Le feu Roy, de tres-glorieuse memoire, auoit laissé le Royaume aussi paisible au dedans que glorieux au dehors, & le peuple estoit accoustumé à vn joug qu'il ne songeoit point à secoüer. Quand on vit le gouuernail entre les mains de la Reyne, sa douceur, sa pieté, sa prudence, l'amour de tout le monde pour sa Majesté, & l'vnion de la Maison Royale qu'entretenoit la sagesse du premier Ministre, firent esperer à tout le monde que le vaisseau ne seroit point agité par des orages domestiques. Les batailles de Rocroy, de Norlingue, & de Fribourg, tant de villes importantes prises sur les ennemis, leur épouuante, & leurs pertes continuelles, nous promettoient qu'enfin vne guerre si heureuse produiroit vne paix constante & honnorable. Mais Dieu qui se mocque du conseil & de la prudence des hommes, permit aux vents de gronder, aux vagues de s'enfler, à la mer de Paris de deuenir furieuse. Il se répandit comme vn air empoisonné de faction & de reuolte dans cette grande Ville, qui corrompit les esprits les plus moderez, qui troubla les plus sages, & qui causa vne yuresse generale de raison pour tout le monde.

O Paris, qui donnois l'exemple aux autres villes

du Royaume de l'obeïssance qui est deuë au Souuerain, ie ne veux pas te presenter aujourd'huy vn miroir fidele pour te faire voir quel visage tu auois le jour de tes barricades. Il est si horrible, que tu m'accuserois sans doute de te vouloir faire peur; & de t'offrir, au lieu d'vne image veritable du passé, vne Furie Poëtique auec vne perruque de serpens, tenant le flambeau d'vne main, & l'espée de l'autre, courant toute écheuelée par les places publiques, & poussant hors de son sein, des flâmes d'vn feu de soulphre cueilly dans les enfers, & embrazé par les Demons. Ton crime fut alors le plus noir, & le moins excusable qui sera jamais : mais disons plûtost qu'il n'estoit pas volontaire. Quelque constellation maligne t'emporta sans doute hors des bornes de la raison, & tu te troublas sans sçauoir quelle raison tu auois de te troubler. Ne te souuiens donc plus de cette courte tempeste; mais souuiens-toy à jamais de la fermeté de ton premier President. Represente-toy ce venerable Vieillard qui passe au trauers de tes corps-de-garde, de tes picques, de tes mousquets, de tes barricades, de tes seditieux, auec la mesme serenité de visage, que s'il eust passé dans la sale de l'Audiance aux temps les plus tranquilles. Ressouuiens-toy qu'en d'autres occasions tu l'as veu faire ouurir les portes de sa maison, & venir au deuant de ta populace furieuse, & resoluë de le déchirer en pieces, auec vne asseurance qui n'auoit rien de fier, mais dont elle ne pût soûtenir la majesté. Alors il n'eut pas besoin,

B ij

Messieurs, de luy remonstrer par vn beau discours, la fureur où elle se portoit. L'Eloquence n'eut point en cette occasion à employer toutes ses forces pour remettre la paix dans l'esprit de ces seditieux. Le premier President n'eut qu'à se monstrer. Les regards de ses yeux, la tranquillité de son visage, vn air éclattant de grandeur, que le caractere de la Magistrature fit reluire sur son front; ou plûtost la lumiere du doigt de Dieu, protecteur de la Royauté qu'il deffendoit, estonna ces mutins, les couurit de honte, les mit en desordre, & les renuoya chez eux auec plus de respect pour cét Homme si intrepide, qu'ils n'auoient apporté de folie & de fureur dans sa maison. Cela ne s'appelle-t'il pas auoir adoucy des Tygres, & appaisé des Lyons? *Et in verbis suis monstra placauit.*

Moyse descendant de la montagne où il auoit traité auec Dieu, comme vn amy traite auec vn amy, parut aux Israëlites auec vn visage si lumineux, qu'il fut contraint de le couurir d'vn voile, pour donner au peuple la liberté de s'approcher de luy. Mais Monsieur le premier President se monstra aux seditieux auec vne grauité si éclattante, qu'ils semblerent en se retirant, apprehender qu'il ne sortist de ses yeux quelque foudre pour les mettre en cendres, apres y auoir veu briller des éclairs qui ne pouuoient venir que de Dieu dont il soûtenoit la cause, deffendant celle du Roy qui est son Image. C'est vn spectacle digne des yeux de Iupiter, disoient les Stoïques, qu'vn homme sage combattant la mauuaife fortune, la pauureté, l'exil, la maladie, & la mort, & en triomphant malgré toute leur malignité, toute leur cruauté, & toute leur force. Mais ce Sage eftoit vne idée chimerique de ces gens fuperbes, que l'on peut nommer les braues des Philofophes, par leur ridicule vanité. Noftre illuftre Mort, MESSIEVRS, a efté dans les temps dont nous parlons vn fpectacle veritablement digne des yeux des Anges, & des hommes, tenant le timon du vaiffeau de la ville de Paris, auec tant de fageffe, tant de conftance, tant d'efprit, & tant de fermeté : tantoft oppofant aux vents de cette mer, vne genereufe refiftance : tantoft gauchiffant aux vagues qui fembloient deuoir abyfmer le vaiffeau : tantoft exhortant les matelots à faire leur deuoir : & tantoft criant auec eux contre vn Nom innocent, & feignant de fuiure leur defefpoir, pour les ramener à la raifon : mais confultant toûjours l'Eftoille du Pole, c'eft à dire la Loy de Dieu, le bien public, l'honneur du Roy, & le falut du Royaume. Ainfi Moyfe fe voyant au milieu d'vn peuple feditieux, recouroit à Dieu, & alloit apprendre dans le Tabernacle ce qu'il deuoit dire & ce qu'il deuoit faire pour appaifer ces tempeftes fi frequentes & fi furieufes. Mais apres qu'il auoit confulté le Seigneur, il alloit affronter la fedition, il s'expofoit à la fureur des rebelles, & il les adouciffoit par la majefté de fa prefence. *Et in verbis fuis monftra placauit.*

La mer où noftre admirable Pilote a eu tant

d'orages à fouftenir, eft trop heureufement rentrée dans fes anciennes bornes: elle a trop fincerement reconnu que les vents de Madrid l'auoient émeuë contre fes veritables interefts; qu'en fortant de fes bords, elle n'auoit noyé que fon propre pays, elle n'auoit abyfmé que fes villes, elle n'auoit englouty que fes enfans, elle ne s'eftoit que couuerte d'écume, & affoiblie elle-mefme, pour parler plus clairement de ces émotions funeftes, dont par la bonté de Dieu, il ne demeure plus de traces. Oublions ce malheureux temps pour l'honneur de la France, & rayons-le de noftre Hiftoire, où il eternizeroit la folie & la legereté de noftre Nation.

Les temps qui ont fuiuy cette faifon d'aueuglement & de trouble, ont efté plus tranquilles; & le Roy, en faueur de qui Dieu auoit ramené le calme, voulut faire joüir Monfieur le premier Prefident du repos qu'il auoit procuré à fa patrie. Il le tira donc du Parlement, pour luy mettre entre les mains les Sceaux de France, eftant bien affeuré qu'il feroit auffi foigneux de ne prophaner pas l'image de fon Prince, l'appliquant à des Lettres injuftes, qu'il s'eftoit monftré jaloux de fa gloire, & de fon falut durant les defordres de la guerre ciuile. Il a refpondu à fes efperances, MESSIEVRS, & on peut dire qu'il a paru non feulement vn tres-religieux Gardien du Sceau Royal, mais qu'il en a efté les delices. Vous fçauez, ILLVSTRISSIMES PRELATS, qu'il l'a toûjours employé auec plaifir,

Il eft fait Garde des Sceaux de France.

ou pour confirmer les priuileges de l'Eglise, ou pour les deffendre des attaques continuelles qu'on leur donne, & qu'il a refusé constamment de passer les choses où le zele de la Religion vous a fait former des oppositions si justes & si genereuses. Aussi l'auez-vous amerement regretté ; aussi luy auez-vous donné des eloges dans vostre Assemblée, capables de couronner sa vertu : & vostre nombreuse assistance aux Sacrifices publics que l'on a presentez à Dieu pour luy, est vne glorieuse marque de l'estime que vous faisiez de sa personne.

Ces grandes Charges qu'il a exercées, peuuent aisément deuenir des mines d'or, quand ceux qui les possedent, veulent abandonner leur honneur & leur conscience. Mais cette transformation ne s'est pas faite entre les mains de Monsieur MOLE'. On ne verra point, MESSIEVRS, dans sa Famille, de nouuelles terres, des Palais superbes, & des reuenus immenses : mais on y rencontrera l'ancien patrimoine de ses peres, diminué, & la modestie d'vn vray Magistrat. On y rencontrera la gloire d'auoir méprisé ce que tout le monde presque adore dans le temps où nous sommes ; de n'auoir point couru apres l'or ny l'argent ; de n'y auoir point mis sa confiance ; & de s'estre monstré cét Homme merueilleux que l'Escriture sainte cherche il y a si long-temps. On y rencontrera les premieres Magistratures du Royaume exercées auec vne haute suffisance, & vne integrité sans reproche. On y rencontrera des tempestes ciuiles sou-

Ecclesiastique, ch. 31.

tenuës auec force, & appaifées auec fageffe ; vn peuple furieux ramené à fon deuoir ; la faction des Ennemis de la Monarchie diffipée ; & l'Autorité legitime du Prince remife en fa premiere vigueur. Y a-t'il des terres? Y a-t'il des Palais? Y a-t'il des reuenus comparables à ce glorieux heritage que Monfieur le Garde des Sceaux a laiffé dans fa Maifon ? Il y pouuoit introduire la richeffe s'il euft voulu accepter la Charge de Surintendant des Finances, dans laquelle le feu Roy le vouloit joindre à Meffieurs de Champigni, & de Marillac, ces hommes, dont le nom feul vaut vn grand Panegyrique d'innocence & d'integrité. Mais il ne fut point tenté par l'éclat de la bonne fortune qui le venoit chercher ; & il aima mieux demeurer dans les bornes eftroites du bien de fes Anceftres, que de s'expofer au peril de les paffer, acceptant vn employ, lequel, quand on veut, n'a point de bornes. Monfieur le Cardinal de Richelieu le fit preffer plufieurs fois de le receuoir, par des perfonnes de condition. Il luy en parla luy-mefme auec cette force d'efprit qui le rendoit maiftre de tous les efprits de ceux auec qui il traittoit d'affaires. Mais pour ce coup, fon eloquence ne pût eftre victorieufe de la modeftie de Monfieur Molé, laquelle, comme vne Vierge remplie de pudeur, & de défiance de foy-mefme, ne voulut pas s'engager dans les occafions de la corruption. Ce grand Miniftre fe rendit aux raifons fur lefquelles il appuya fon refus, & quand il l'eut quitté, il dit ces paroles de
l'Eccle-

l'Ecclesiastique ; *Quis est hic, & laudabimus eum ?* Chap. 31. *fecit enim mirabilia in vita sua.* Et en quelle source pensez-vous que l'Illustrissime Garde des Sceaux dont nous parlons, ait puisé vne vertu si pure, si austere, si constante, & si scrupuleuse ? Estoit-ce dans la Morale des Philosophes qui ont si admirablement parlé du mespris des richesses ? Estoit-ce dans le desir de gagner vne grande reputation parmy les hommes ? Estoit-ce dans les exemples de son siecle ? Non, MESSIEVRS, il reconnoissoit trop bien le poison de ces malheureuses sources, pour y aller chercher les regles de sa conduite. C'estoit dans l'Euangile, c'estoit dans la Loy du Dieu de la pauureté, & des pauures ; c'estoit dans la priere qu'il apprenoit à mépriser ce qui ne deuoit point entrer auec luy dans son tombeau, Ecclesiastique, ch. 5. ce qui n'auoit pas la force de le garantir au jour de la vengeance.

Il me faudroit employer vn discours tout entier pour vous le representer comme vn vray Chrestien, apres vous l'auoir representé comme vn Magistrat accomply. C'estoit de cette qualité que, comme le grand Saint Basile, il faisoit sa dignité principale, & toutes les autres grandeurs comparées à celles-là, luy paroissoient basses & ridicules. Vous le verriez exerçant l'action la plus difficile du Christianisme, qui est le pardon des injures, faisant sortir par vn escalier desrobé vn homme que ses gens auoient arresté dans sa maison, parce qu'il auoit promis de le tuër ; & ne vou- Gregoire de Nazianze en l'Oraison funebre de saint Basile.

C

lant pas sçauoir le nom de celuy qui auoit si insolemment porté ses mains sur sa personne, au jour des Barricades, lors qu'il pouuoit le chastier auec iustice. Vous ne seriez pas moins estonnez des vertus qu'il prattiquoit dans sa Famille, & dans son Oratoire, que de celles qui ont eu les yeux de toute la France, pour témoins, & pour admirateurs. Vous verriez vn Magistrat accablé d'affaires, qui tous les jours donne beaucoup de temps à la priere ; qui frequente les Sacremens de l'Eglise ; qui s'attache religieusement à son Curé ; qui n'a point d'autre Confesseur que luy ; qui assiste à l'Office diuin dans sa Paroisse ; qui prend soin de ses seruiteurs malades, & qui les visite luy-mesme. Vous verriez vn homme delicat, & âgé de soixante & douze ans, qui jeusne le Caresme auec toute la rigueur des Religieux les plus austeres, qui ne mange le soir, que du pain sec, & ne boit qu'vn verre d'eau ; & vous entendriez sortir de sa bouche ces admirables paroles qu'il dit à vn de ses amis qui le prioit de se nourrir dauantage. *La mort est proche, & quand feray-je penitence, si ce n'est dans vn temps où ie suis sur le point d'aller rendre compte à Dieu ?* C'estoit bien suiure le conseil de Saint Augustin, qui disoit qu'aucun Chrestien, auec quelque innocence qu'il eust pû viure, ne deuoit jamais mourir sans faire penitence, qu'il nomme l'vnique discipline des Chrestiens. Mais, MESSIEVRS, il y a desia trop long-temps que ie parle, & il faut enfin venir à ce point qui decide si inégalement l'Eternité,

Hom. 50. de la Penit.

comme a dit Boëce, ie veux dire à sa mort, qui a pluftoft efté la couronne de sa pieté, que la fin de sa vie mortelle.

Le Chriftianifme, MESSIEURS, eft la veritable Philofophie, c'eft à dire l'eftude de la mort. Vn vray Chreftien eft vn homme enfeuely auec IESVS-CHRIST; c'eft vn mort qui raifonne, vn mort qui parle, vn mort qui agit. Le plus parfait Chreftien, par cette diuine regle, fera donc celuy qui raifonnera, qui parlera, & qui agira le mieux comme vn mort. Cette mort eft la deftruction des mauuaifes conuoitifes en l'homme, qui font comme la vie de la nature corrompuë. Cette mort que l'on peut appeller viuante, parce qu'elle crucifie le vieil homme, difpofe tous les jours les Fidelles à cette autre mort qui les deliure de leur corruption, qui leur donne l'adoption des enfans de Dieu, & qui eft vn paffage à l'immortalité. Elle les appriuoife auec la plus terrible des chofes terribles; que dis-je, elle la leur fait fouhaitter comme vn port qui les met en feureté, comme la fin de leurs combats, comme la confommation de leur victoire, comme le premier moment de leur Royauté. De cette forte, Monfieur MOLE' eft mort auant que de mourir, comme Philon Iuif dit de Moyfe, l'Innocence de fa vie a prophetifé la fainteté de fa mort, qui n'a pas rompu les chaifnes de fon ame qui eftoit defia libre, mais qui luy a donné la parfaite liberté, & la couronne de fes bonnes œuures. Sa maladie luy paroiffoit fi peu

Aux Rom. chap. 6.

Liu. 3. de la vie de Moyfe.

dangereuſe, & il ſentoit tant de vigueur en ſon corps, & en ſon eſprit, que la nouuelle que Monſieur le Curé de Saint André, ſon tres-digne Paſteur, luy donna du danger où il ſe trouuoit, eſtoit capable de ſurprendre vne ame moins familiere auec la mort, & moins accouſtumée à la voir ſous ſa forme la plus horrible. Mais il n'en fut ny ſurpris, ny eſtonné : & ce meſſage ne luy fut pas dur, parce qu'il n'auoit point de paix en ſes biens, comme parle l'Eſcriture ſainte. Il ſçauoit qu'il eſtoit pelerin en cette vie, & il ne pouuoit que ſe réjouïr de voir bien-toſt finir ſon pelerinage. En quelque dignité qu'il ſe viſt eſleué, il portoit la vie preſente en eſprit de penitence, comme Saint Auguſtin veut que tous les juſtes la portent. Il ſoûpiroit depuis long-temps apres le repos de la patrie ; & ſe voyant ſi proche d'y entrer, il eſtoit bien plus diſpoſé à chanter le Cantique de ſa deliurance, qu'à regretter ceux qu'il laiſſoit au monde, ſur le riuage du fleuue de Babylone, qui coule ſans ceſſe, comme dit le meſme Pere, & qui emporte & les vaiſſeaux, & les Pilotes, & les Roys, & les Peuples, & les ſçauans, & les ignorans, & les riches, & les pauures, par la rapidité de ſa courſe. Mais auec quelle tranquillité d'ame, auec quelle douceur, auec quelle preſence d'eſprit, auec quelle humilité, auec quelle deuotion, penſez-vous qu'il ait ſatisfait aux derniers deuoirs de la pieté Chreſtienne ? En attendant que ſon Paſteur luy appor-

O mors quàm amara es homini pacem habenti in ſubſtantiis ſuis.
Eccli. 41.

En l'Enarration ſur le Pſ. 136.

taſt le ſaint Sacrement, il fit luy-meſme diſpoſer la table où on le deuoit repoſer, & regla tout ce qu'il falloit faire, comme s'il euſt preparé cette reception pour vn autre. Enfin il ne parut non plus émeu du grand & terrible voyage qu'il alloit faire, que s'il n'euſt eu qu'à changer de maiſon. En vſer ainſi, MESSIEVRS, c'eſt veritablement porter la fermeté Chreſtienne auſſi loin qu'elle peut aller. C'eſt mourir, comme Moyſe par le commandement du Seigneur ; c'eſt s'accommo- Deut.ch.34. der ſoy-meſme ſur le bucher ; c'eſt allumer le feu de ſon ſacrifice ; c'eſt s'y voir conſumer ; c'eſt gouſter la mort ; c'eſt en ſauourer toute l'amertume. Il n'eut point l'eſprit occupé du ſoin de ſes affaires domeſtiques. Il ne fut point attendry par la veuë de ſes chers Enfans, encore qu'il fuſt le pere le plus tendre qui ſera jamais. Il ne ſongea point à regler leur partage par vn teſtament. Quelques mois auant ſa maladie, il auoit dit à vn tres-vertueux Abbé, qui eſtoit ſon parent, & ſon amy, ces paroles dignes d'eſtre eſcrites ſur l'or & ſur le diamant. *Ie ne feray point de teſtament, parce que pour mes biens qui ſont mediocres, la Couſtume en fera la diſtribution ; & pour les œuures de pieté, j'ay toûjours crû que ne les faire qu'à la mort, c'eſt pluſtoſt vne marque d'auarice, qu'vn effet de pieté.* Apres ce diſcours, que ie puis bien nommer vn oracle de Charité, il receut le Dieu de la Charité, auec des ſentimens extraordinaires de reuerence, & de deuotion. On luy donna en ſuite l'Onction derniere, qui eſt, dit le Concile de Trente, la conſommation de la vie Chreſtienne. Il reſpondit à toutes les Prieres, & peu de temps apres, eſleuant les yeux au Ciel, & les refermant, il rendit l'ame à celuy qui l'auoit enrichie de tant de vertus, & mourut de la mort paiſible des juſtes.

<small>Seſſ. 14. ch. dernier.</small>

Illuſtres heritiers de ce Mort qui viura à jamais dans la memoire des hommes, vous ne vous plaignez pas, ſans doute, de ne recueillir point de Monſieur voſtre pere, vne ſucceſſion opulente, pour les biens de la fortune. Il vous en a laiſſé vne qui eſt toute particuliere, & ſans comparaiſon plus precieuſe. C'eſt celle d'vne reputation ſans tache, d'vne gloire ſans enuie, & d'vne amour publique ſans exemple. Car a-t'on jamais veu vn Magiſtrat auſſi veritablement regretté des Prelats, des Religieux, de la Cour, des Compagnies ſouueraines & du Peuple, que Monſieur le Garde des Sceaux? Ne ſemble-t'il pas que chacun a perdu ou ſon pere, ou ſon amy? A quel autre tous les Monaſteres, tous les Hoſpitaux, tous les Corps; ont-ils rendu des derniers deuoirs ſi magnifiques? Pour qui a-t'on jamais offert tant de Sacrifices? La celebre Egliſe de Lyon ne s'eſt pas contentée de luy faire des Funerailles pompeuſes, elle a fondé vne Meſſe à perpetuité pour le repos de ſon ame, voulant donner cette marque publique de la reconnoiſſance qu'elle auoit de ſa protection en vne affaire importante qui la regardoit. On pouuoit ſoupçonner d'intereſt, ou de crainte, le respect qu'on luy rendoit durant sa vie, & les loüanges que l'on donnoit à sa vertu. Car c'est vn encens que l'on ne presente que trop souuent à l'Idole de la Fortune, qui est en estat de recompenser les adorateurs. Mais quelle raison d'interest pouuoit exciter tout le monde à loüer Monsieur le Garde des Sceaux à sa mort ? Par quels artifices eust-on pû porter les Parisiens à en faire vn deüil public? On ne peut pas mesme obtenir ces marques volontaires de douleur, apres la mort des Souuerains, qui ne se font pas fait aymer à leurs peuples. La flatterie les abandonne à la porte de leurs tombeaux : & comme ils y entrent auec la stupidité, la violence, & l'injustice ; il n'en sort que les mesmes choses, qui paroissent auec toute leur laideur, & dont chacun se vange par la liberté des plaintes, des reproches, & des satyres. C'est donc vne preuue bien glorieuse pour Monsieur le Garde des Sceaux, qu'il a esté veritablement aimable & aimé de Dieu. *Dilectus Deo & hominibus.* Ainsi Moyse fut pleuré de tout le camp d'Israël, durant trente jours, & ceux qui n'auoient pû souffrir sa domination, reconnurent qu'il auoit esté vn homme incomparable & digne de conduire le peuple de Dieu. Ainsi fut-il enseuely, dit Philon Iuif, non pas par les mains mortelles des hommes, mais par les mains immortelles des vertus mesmes. Ainsi finissent ceux qui preferent l'innocence, aux richesses ; la modestie, au luxe ; l'ancienne probité, à la prudence du siecle ; la bonne reputation, à la

Liu. 3. de la Vie de Moyse.

grande; & le salut de l'Eſtat, à leurs intereſts domeſtiques. Ainſi la France eſt priuée de ce Magiſtrat venerable qui y conſeruoit l'eſprit de l'ancienne Monarchie, & cette premiere vertu de nos Anceſtres, que la corruption des mœurs preſentes affoiblit tous les jours, & dont il nous reſte ſi peu de traces. Ainſi les Loix perdent leur deffenſeur; le Prince, vn ſeruiteur paſſionné pour ſa gloire; l'Eſtat, vn Miniſtre intrepide; les Ordres Reguliers, leur appuy; les pauures, leur pere; les vertus, leur azile; la Religion, vn de ſes protecteurs. Mais celuy qui diſparoiſt à nos yeux, ne ſortira jamais de noſtre memoire. Tandis qu'il y aura vne France, elle ſe ſouuiendra que Monſieur le Garde des Sceaux l'a ſauuée d'vn naufrage indubitable. Tandis que Paris demeurera debout, il honnorera celuy qui l'a empeſché de ſe perdre. Tandis que ſon Parlement ſubſiſtera, il s'entretiendra des miracles que ce premier Preſident y a faits. L'exemple de ſa conduite ſera vne loy ſacrée pour ſes ſucceſſeurs. Son eſprit apres ſa mort, regira toûjours cette grande Compagnie; il en ſera comme la ſecrette intelligence; & ceux-là ſe croiront d'excellens Magiſtrats, qui pourront imiter quelqu'vne des vertus qu'il a ſi glorieuſement prattiquées dans toutes ſes Magiſtratures.

O Dieu, qui auez donné à la France vn homme ſi grand & ſi neceſſaire, pour la deffendre en des temps ſi difficiles, nous vous le rendons aujourd'huy, ſans murmurer contre voſtre volonté qui
le

le retire de la terre. Nous vous remercions de nous l'auoir presté, & nous vous demandons le repos eternel pour son Ame, ne pouuant reconnoistre ses soins à procurer la tranquillité de sa patrie, que par cette priere. Vous aimez la France, & la protection qu'elle vient de receuoir de vostre bonté durant ses tempestes, est vne preuue indubitable que vous en voulez maintenir la Monarchie aussi long-temps que vostre Eglise. Conseruez-luy cette amour paternelle, & répandez dans l'esprit du Roy, que vous luy auez donné par miracle, les lumieres de vostre sagesse. Fortifiez son cœur de vostre grace contre le peché qui l'enuironne de tous costez. Affermissez son Throsne sur la Iustice, & sur la Verité, qui sont les bases du vostre. Donnez-luy pour ses peuples vn cœur de Pere, qui soit touché de leurs maux. Souuenez-vous de vostre heritage, de l'Espouse de vostre Fils, de vostre Eglise qui se voit menacée de si grandes calamitez. Confondez les desseins de ses Ennemis qui se promettent de la détruire. Enfin étouffez par nostre jeune Monarque, le Monstre de la guerre qui desole l'Europe depuis tant d'années, & faites-nous joüir d'vne paix asseurée, qui nous donne moyen de vous loüer en repos, & de trauailler pour arriuer à cette paix parfaite de la celeste Ierusalem, où à tous vous serez toutes choses.

FIN.

IL est deffendu à tout autre qu'à Antoine Vitré, Imprimeur ordinaire du Roy & du Clergé de son Royaume, d'imprimer *l'Oraison funebre de Messire Mathieu Molé, Cheualier Garde des Sceaux de France, prononcée dans l'Eglise de S. Antoine des Champs, le 10. de Feurier dernier, par Monsieur l'Euesque de Vence*, à peine de mil liures d'amende, & de prison. Fait ce 10. Mars 1656.

D'AVBRAY.

www.ingramcontent.com/pod-product-compliance
Lightning Source LLC
Chambersburg PA
CBHW060618050426
42451CB00012B/2316